PINTURA MURAL MESOAMERICANA

Interior del Adoratorio a Tláloc,
Zona arqueológica del Templo Mayor, México, D.F.

PINTURA MURAL MESOAMERICANA

Ana Ortega

Primera edición en Círculo de Arte: 1997

Producción: CONSEJO NACIONAL PARA LA CULTURA
Y LAS ARTES
Dirección General de Publicaciones

D.R. © Ana Garduño Ortega

© 1997, de la presente edición
Dirección General de Publicaciones
Calz. México Coyoacán 371
Xoco, CP 03330
México, D.F.

ISBN 970-18-0742-1

Impreso y hecho en México

TU M

ÍNDICE

PINTURA MURAL EN EL TIEMPO

La pintura mural, vigorosa manifestación artística desarrollada en territorio mexicano, se ha realizado desde cientos de años antes de nuestra era y continúa ejecutándose en el presente; no obstante esta continuidad, el muralismo es especialmente importante en dos momentos de nuestra historia. El primero de ellos —a desarrollarse en las siguientes páginas— ocurrió durante el periodo que hoy conocemos como prehispánico, es decir, el anterior a la llegada de los españoles. El segundo, mucho más cercano en tiempo a nosotros, fue protagonizado en la primera mitad de este siglo por un movimiento artístico al que se le ha denominado Escuela Mexicana de Pintura, el cual tuvo entre sus máximos exponentes a pintores como José Clemente Orozco, David Alfaro Siqueiros y Diego Rivera.

Sin embargo, aquí cabe la aclaración de que la pintura mural realizada durante estos dos momentos históricos corresponde a sociedades tan distantes entre sí, obedece a motivaciones y necesidades tan diferentes, que no es posible hacer ningún tipo de comparación ni establecer semejanzas estéticas, iconográficas o estilísticas de ningún tipo. Sólo a nivel temático los muralistas de nuestro siglo buscaron mantener cierto contacto con el pasado prehispánico y plasmaron escenas de la vida cotidiana de Mesoamérica con mayor o menor fidelidad histórica (véase figura 1).

MUROS COLOREADOS

Como es bien sabido, los mesoamericanos, pueblos de elevado nivel cultural, tuvieron la costumbre de pintar sus construcciones principales. En general, las paredes externas de los edificios recibían una capa de cal a manera de aplanado, y sobre ella se aplicaban uno o dos colores, reservándose para los muros del interior el empleo de múltiples colores con los cuales, utilizando técnicas diversas, se creaban imágenes o escenas narrativas que aun hoy en día nos sorprenden.

Las funciones que desempeñaban esas pinturas se pueden resumir, sobre todo en dos: una satisfacía la necesidad de transmitir conceptos y comunicar ideas, y para ello se utilizaban imágenes y colores que tenían un significado específico; la otra era una función estética, ornamental, por lo que en múltiples ocasiones los muros se recubrían con elementos que, según su concepción, eran considerados como "bellos".

La iconografía presente en estos murales asombra por la interminable capacidad de los artistas para recrear atmósferas realistas en las que las figuras reproducen meticulosamente seres humanos, vegetales, animales, etcétera. La mayoría de las veces estas imágenes, tomadas de la naturaleza, se combinaban con atmósferas míticas o sobrenaturales, lo que daba lugar a escenas fantásticas, producto de la rica imaginación de los mesoamericanos. Así, para desconcierto de los espectadores contemporáneos, puede ocurrir que en una imagen, una parte proporcional corresponda a la de algún animal y la otra a fragmentos humanos o a formas inventadas, a las cuales se atribuía cualidades divinas (véase figura 2).

En otras ocasiones, se agregaban ciertos trazos que simbolizaban conceptos, palabras o códigos propios de la escritura, es decir, elementos que servían para fechar algún acontecimiento, indicar el nombre del personaje representado o del sitio al que se hacía referencia, y muchos otros datos más (véase figura 3).

Ahora bien, la temática de los murales se seleccionaba de acuerdo con las diversas actividades que se llevaran a cabo en los edificios. Abundan las pinturas de tipo religioso, en las que se representan deslumbrantes rituales; numerosas también son las de tipo histórico, en las que se narran acontecimientos trascendentales para la vida de un pueblo; en muchas otras, en donde se desarrollan temas bélicos, se plasman sangrientas batallas; incluso existen algunas que reflejan la vida cotidiana de una comunidad, aunque son escenas que aparecen con menor frecuencia, tal vez porque en las casas-habitación de la gente del pueblo, al parecer, no se acostumbraba la pintura mural. Así, aunque es posible clasificar un mural dentro de un solo tema, lo más común es que en las diferentes escenas coexistan dos o más temáticas.

En la pintura mural prehispánica se utilizaron superficies lisas para desplegar los temas a lo alto y a lo ancho de las paredes, de manera bidimensional. Esta técnica pictórica no incluye el uso de la perspectiva, aquella que provoca la ilusión óptica de que el objeto es tridimensional (altitud, anchura y volumen); sin embargo, se emplearon diversos "trucos" pictóricos para dar la idea de que algunas escenas ocurren en distancias variables: figuras de diferentes tamaños para señalar que las más grandes están más cerca y las más pequeñas más lejos, o dividir horizontalmente el espacio mural, para indicar que a menor altura, menor distancia y viceversa (véase figura 4).

Con líneas dinámicas y vistoso colorido se dotó a las imágenes de vivacidad y dinamismo. Aunque la técnica era muy compleja —además de las variaciones según la tradición local—, generalmente se hacía al fresco;[1] el primer paso consistía en dibujar las formas sobre una capa de cal humedecida, después se rellenaban con color y al final se retocaban las líneas inicialmente trazadas para hacer resaltar las figuras. Es importante men-

[1] Es necesario aclarar que no se trata de la técnica europea tradicionalmente conocida con el mismo nombre.

cionar que la selección de los colores podía o no ser simbólica, pues también obedecía a razones estéticas.

Los pigmentos, obtenidos a partir de plantas o minerales, dependiendo de lo que cada pueblo pudiera conseguir en su región o de sus posibilidades de allegárselo por intercambio comercial, se mezclaban con otros ingredientes (aglutinantes) para la producción de los colores que se empleaban en los muros. Los colores se aplicaban de manera lisa, plana; no obstante, como recurso para crear la sensación de que las figuras dibujadas tenían volumen, el color se diluía o se intensificaba y se combinaban al menos dos tonos: claro y oscuro.

Los anónimos artistas, que trabajaron de manera colectiva en los murales que ahora nos deslumbran, dominaban el método para obtener los colores, diseñaban y dibujaban, conocían la técnica mesoamericana del fresco y las reglas estilísticas para plasmar las imágenes dependiendo de la connotación simbólica que se les asignara. Eran especialistas que habían recibido una rígida educación, la cual los preparaba para producir las obras que constituían las expresiones artísticas de su pueblo, siguiendo para ello los patrones ya estandarizados de representación que garantizaban la homogeneidad y la continuidad de un estilo; por la labor tan importante desempeñada para su comunidad, continuamente recibían asesoría y vigilancia de ciertos grupos de la élite, especialmente de los sacerdotes.

Los pueblos mesoamericanos constituyeron una unidad gracias a que compartían una serie de aspectos clave en la vida de cualquier sociedad, tales como el económico, político, religioso y cultural, lo que explica que en sus manifestaciones artísticas podamos reconocer elementos comunes en coexistencia con maneras específicas de representación que cada pueblo adoptó. Así, aunque todas las sociedades participaran de una misma ideología, cada una se expresó de un modo específico, retomando de las demás ciertos elementos que les parecieron fundamentales. Por eso, aunque podamos hablar de diferentes estilos artísticos, no debemos olvidar que todos esos pueblos abrevaron en lo que ahora se conoce como pintura mural mesoamericana.

MUROS FAMOSOS

Como sabemos, la historia de Mesoamérica se ha dividido en etapas cronológicas para facilitar su estudio. Desde la primera de ellas, la Preclásica (2500 a.C.-250 d.C.), existía la costumbre de trabajar pictóricamente sus muros. Desafortunadamente, las escasas obras que se han conservado son sólo fragmentos, y la mayoría se encuentra en pésimo estado. Será hasta el periodo Clásico (250-800 d.C.) cuando se llegue al esplendor artístico, gracias a importantes creaciones realizadas a lo largo del territorio mesoamericano. Aquí nos referiremos a algunas de ellas.

Teotihuacan

Esta poderosísima ciudad controló todo el Altiplano Central y estableció, al mismo tiempo, profundas relaciones con todas las ciudades mesoamericanas del periodo Clásico. Precisamente para hacer frente a esos intensos y vigorosos intercambios (económicos, políticos, sociales y religiosos), tanto los teotihuacanos como los otros pueblos se interesaron por crear una propuesta artística propia, con el indudable objetivo de distinguirse y distanciarse de sus contemporáneos y como una manera de erigir una barrera que, de alguna manera, los separara.

En Teotihuacan el resultado fue, en cuanto a pintura mural se refiere, la creación de uno de los conjuntos pictóricos más grandes e impresionantes de Mesoamérica. Alrededor de la actual zona arqueológica se han localizado numerosos conjuntos habitacionales —Atetelco, Tetitla, Zacuala, Tepantitla, y los más recientemente descubiertos en La Ventilla y Totómetla— que nos hacen creer que en Teotihuacan prácticamente cada muro era pintado por artistas.

Aunque es evidente el predominio de un arte conceptual, esto es, un arte que plasma en el mural conceptos abstractos, generalmente mítico-religiosos, los temas desarrollados en las pinturas son múltiples, variados y complejos, tanto como seguramente lo fue la vida de cada habitante de la ciudad (véase figura 5). Una característica relevante de esta pintura mural es que sobre un fondo rojo se delineaban las figuras, para colorearse después; acerca de esta base roja algunos investigadores han planteado la posibilidad de que simbolice a la noche, lo cual indicaría que los sucesos así representados ocurrieron nocturnamente.

La manera empleada para representar deidades, sacerdotes y guerreros, definidos a partir de líneas casi geométricas, era la de mostrarlos en actitud hierática, rígida, prácticamente sin movimiento, tal es el caso de los murales de Tetitla donde se representa una diosa que, según los especialistas, era la deidad principal de los teotihuacanos (véase figura 6). Si comparamos esta imagen con la forma en que se representa a los seres humanos comunes y corrientes, notaremos un contraste fundamental, ya que éstos aparecen jugando, cantando, nadando, esto es, en actitud diligente y vivaz. Esos protagonistas, divinos o humanos, fueron acompañados por efigies de animales, tanto reales como fantásticos, así como por diversos tipos de plantas y flores. También se incorporaron diseños cuyo significado seguramente era muy claro para los teotihuacanos pero que aún no se ha descifrado totalmente.

Así, el novedoso e impresionante estilo teotihuacano llegó a su máxima creatividad con el conjunto mural de Tepantitla conocido como *El Tlalocan*. En éste se hallan numerosas imágenes de hombres en una gran variedad de actitudes, todas relacionadas con la diversión y el bienestar; acompañan a estos seres delicadas flores y abundantes manantiales donde se muestran tanto peces nadando como plantas acuáticas flotando. También se observan canales que irrigan terrenos de cultivo, cerca de donde crecen plantas de maíz, calabaza y diferentes arbustos. Como se podrá notar, en esta alegoría, y mediante un riquísimo colorido, formas dinámicas y multiplicidad de escenas, se hace referencia directa a rituales dedicados a la fertilidad y a las deidades del agua (véase figuras 7 y 8).

Cholula

Cholula es una ciudad muy cercana a Teotihuacan, ligada a ella por estrechas relaciones de toda índole. Allí se conserva un conjunto mural excepcional no sólo por su temática sino por la manera de plasmarla: *Los bebedores*. Imposible no dedicar aunque sea unas líneas para hacer patente nuestra admiración por una de las pinturas menos solemnes y más libremente trabajadas de todo el arte pictórico prehispánico.

Las escenas de que se compone el mural se estructuraron utilizando franjas horizontales en que se muestran a hombres y mujeres sentados ingiriendo alguna bebida, probablemente pulque, que evidentemente los embriaga dadas las alegres posturas que adoptan; de pie se representaron a los sirvientes, encargados de proveerlos del líquido. Toda la narración está enmarcada con una cenefa (franja) que tiene elementos geométricos, entre los que destaca un rombo con una flor de cuatro pétalos.

Los bebedores, desnudos o con *máxtlatl*,[2] llevan tocado en la cabeza y cubren sus rostros con máscaras que hacen alusión a diferentes animales. Lo más impresionante son las desinhibidas actitudes que muestran, pletóricas de gozo y placer, que contrastan notablemente con el arquetipo de moderación que los mesoamericanos imprimían a su vida y a su arte (véase figuras 9 y 10).

Más que asombrarnos por el carácter festivo e informal del mural que, bien sabemos, refleja uno de los múltiples aspectos de la vida de los hombres, lamentamos que más murales de este tipo no se hayan conservado hasta nuestros días.

---

[2] *Máxtlatl*, en náhuatl, puede traducirse por "mástil", prenda masculina que cubre los genitales.

Monte Albán

Otra ciudad que también estuvo ligada a Teotihuacan fue Monte Albán, la cual estuvo habitada por grupos de origen zapoteco que ocuparon todo el Valle de Oaxaca y crearon una pintura mural que mantuvo cierta conexión tanto con el estilo teotihuacano como con el de la Zona Maya. Pese a esto, como ocurrió con otros pueblos mesoamericanos, el arte pictórico zapoteco creó sus propias formas de representación y favoreció el desarrollo de arquetipos evidentemente locales.

Así, un rasgo que singulariza los murales zapotecos del periodo Clásico, incluyendo los de Lambityeco y Suchilquitongo, es que por lo general se ejecutaban en el interior de las tumbas que resguardaban a sus muertos. Otra característica es la inclusión de jeroglíficos que designan el nombre del personaje dibujado, sea un dios, un sacerdote que lo personifica o un ser humano (véase figura 11).

En Monte Albán son dos las tumbas que por su calidad pictórica le dieron fama internacional: la 104 y la 105. El interior de la Tumba 104 se encontró totalmente decorado; en los muros laterales se dibujaron dos personajes que dirigen su vista hacia el fondo de la tumba. Ambos tienen el rostro y el cuerpo pintados en color rojo y lucen numerosas joyas y elaborados tocados. En la parte superior de la pared del fondo se localiza un glifo relacionado con lo celeste y lo divino; al centro aparece un jeroglífico que acompaña a una cabeza de gran tamaño, con párpados y labios en color azul (véase figura 12).

Por su parte, los murales de la Tumba 105 —considerados como los que mejor representan el arte pictórico zapoteca— exhiben dos franjas; la superior, según se ha interpretado, alude al nivel celeste, lo que implica que las imágenes ahí dibujadas se encuentran en un contexto divino. En la banda inferior, que corresponde al nivel terrestre, donde habitan los hombres, aparecen siete parejas adornadas vistosamente y acompañadas por sus infaltables glifos, los cuales sirven para identificarlas (véase figura 13).

Las Higueras

En la costa del Golfo, en el actual estado de Veracruz, a orillas del río Colipa, un conjunto de interesantes murales fue descubierto en 1964 por una familia de pescadores que, sin saberlo, construyó su casa encima de edificaciones que datan de fines del periodo Clásico y los inicios del Epiclásico (600 a 900 d.C., aproximadamente). A estos vestigios se les conoce con el nombre de Las Higueras.

En este sitio, cercano a El Tajín (ciudad que fue su contemporánea y de la cual se conserva escasa pintura mural), se desarrolló una pequeña sociedad de la que sabemos muy poco.[3] En el llamado Edificio 1 de Las Higueras, actualmente sin techumbre y sin la parte superior de las paredes, se localizaron pinturas que corresponden, al menos, a dos épocas diferentes. Se ha comprobado que los murales recibían mantenimiento constante ya que en algunas partes se han contado en-

---

[3] En la mayoría de los sitios arqueológicos localizados hasta ahora, la carencia de información es un problema que se presenta constantemente a los estudiosos de Mesoamérica; por tal motivo, cuando se descubre pintura mural, ésta juega un papel importante para conocer, aunque sea de manera limitada, sociedades que no se mencionan en documentos prehispánicos ni en crónicas realizadas con fecha posterior a la conquista española.

tre veinte y treinta capas de color superpuestas; estos arreglos practicados en toda Mesoamérica, fueron necesarios por el desgaste natural sufrido por las pinturas con el paso del tiempo.

Al parecer, en este edificio se realizaban rituales religiosos dedicados a alguna deidad solar. En lo que aún se conserva de los murales, aparece una procesión ceremonial con gran variedad de figuras, las cuales desfilan ataviadas según su rango social o la actividad que desempeñaban; así, encontramos músicos y danzantes, sacerdotes y sacerdotisas, hombres y mujeres de la nobleza, jugadores de pelota, etcétera (véase figuras 14 y 15).

Zona Maya

En el sureste de Mesoamérica se localizaba la célebre Zona Maya, misma que ocupó los actuales estados de Chiapas, Campeche, Tabasco, Yucatán y Quintana Roo, así como lo que hoy es Guatemala, Belice y Honduras.

Dentro de esta gran área prosperó un arte pictórico deslumbrante. Como en el resto del territorio mesoamericano, casi todas las edificaciones de importancia social se recubrían con pintura, en especial los interiores, ya sea en muros o en las llamadas bóvedas; este último elemento es en realidad un afronte o cubierta afrontada, el cual constituye una aportación de la arquitectura maya.

Precisamente en la piedra central de las "bóvedas" —en lo que se conoce como piedra "clave", pues con ella el afronte de la bóveda se cierra—, los mayas llegaron a pintar escenas completas que, por su tamaño, parecen miniaturas.

Ahora bien, lo que define el arte maya es su obsesión por mostrar la figura humana en el papel protagónico, dejando para un segundo plano los motivos zoomorfos y vegetales con que se complementan las pinturas. Esto es en términos generales, ya que las representaciones de deidades constituyen la gran excepción.

Así, en los murales con temática narrativo-histórica aparecen seres humanos, en particular miembros de las diferentes dinastías reinantes, en escenas destinadas a demostrar su poderío y grandeza: batallas, sacrificios de prisioneros, entronización de un gobernante, etcétera.

En otro texto[4] hemos comentado que algunos especialistas atribuyen esta obsesión por retratar a la élite gobernante a la inestabilidad política que caracterizó a las ciudades del área maya.

Por consiguiente los mayas produjeron retratos en los cuales el personaje, perfectamente individualizado, se distingue con facilidad de los demás, gracias al cuidado con que se reproducían características como color particular de la piel, proporciones anatómicas, posiciones corporales, gestos y actitudes, etcétera. Asimismo buscaron reproducir con la mayor fidelidad posible las formas de la naturaleza, ya sea del mundo animal o del vegetal.

En cuanto a la técnica para obtener colorantes, ésta es tan compleja que aún en nuestros días no existe certeza sobre el origen de las múltiples tonalidades cromáticas que utilizaban. Sabemos que por la escasez de minerales en la región, los mayas recurrieron a mezclar, sobre todo, vegetales y arcillas. Un caso concreto es el famoso "azul maya", mezcla de vegetales no del todo identificados, con arcilla blanca.

[4] *Universo escultórico mesoamericano*, en esta misma colección.

Ahora bien, a pesar de que se puede hablar de la existencia de una pintura mural maya —en cuanto a que existen correspondencias iconográficas, temáticas, etcétera— debemos consignar que también se desarrollaron variantes regionales que obedecían a situaciones y necesidades concretas de cada comunidad.

En términos generales, los estilos mayas a lo largo del Clásico (250-800 d.C.)[5] y hasta el Posclásico (1000-1550 d.C.), pasando por el Epiclásico (800-1000 d.C.), pasan de cierto equilibrio y sencillez, buscando la armonía en las escenas y formas representadas, a dotar de mayor complejidad a las imágenes, a incorporar una mayor cantidad de adornos, e incluso recargando el espacio de elementos decorativos; para definir esto podríamos hablar de una tendencia "barroca" de la pintura maya (véase figuras 16 y 17).[6]

[5] Ejemplos de murales de este periodo, los encontramos en ciudades como Yaxchilán, Toniná y Palenque, en Chiapas, y Chicanná y Dzibilnocac en Campeche.

[6] Este fenómeno puede observarse en murales elaborados a lo largo de estos tres periodos, como en Cobá, Xelhá, Tulum, San Gervasio, Tancah y Rancho Ina, en Quintana Roo.

Asimismo, es indispensable destacar que fueron dos ciudades, hoy correspondientes a territorio guatemalteco, las que de manera especial contribuyeron a la formación del llamado "estilo maya": Tikal y Uaxactún. Sobre este último sitio, debemos consignar la lamentable destrucción de sus hermosos murales por parte de un grupo de saqueadores, poco después de su descubrimiento (1937). Los murales de Uaxactún eran reconocidos, entre otras cosas, por ser de los más antiguos de la zona y por su narrativa escénica, que incluía la representación de más de veinte personajes, lo que los convertía en los más grandes localizados hasta ese momento; constituían, pues, los mejores ejemplares del arte mural maya del periodo Clásico (véase figura 18).

Dadas las condiciones climáticas de la zona, que dificultan la preservación de los murales, se tenían pocas esperanzas de localizar otras pinturas que demostraran la calidad alcanzada por los mayas en esa modalidad artística. Este panorama cambió drásticamente en 1946, fecha en que se dio a conocer al mundo el descubrimiento de otras pinturas, esta vez del periodo Epiclásico. La noticia causó una gran conmoción, ya que los murales aparecieron completos y en buen estado. El sitio, que recibió el nombre de Bonampak, se encuentra en el corazón de la selva chiapaneca, lo cual dificulta su acceso, aun en la actualidad.

Los magníficos murales que ocupan un área aproximada de 150 m², repartidos en tres habitaciones pintadas de piso a techo a lo largo de sus cuatro paredes, incluidas sus respectivas bóvedas, constituyen hoy por hoy el testimonio más deslumbrante del arte maya en lo que respecta a pintura mural. Su sorprendente conservación obedece a varios factores. Existen datos que indican que las pinturas no fueron concluidas y el sitio fue abandonado poco después de ser decorado. Todo apunta a que fallas en la construcción propiciaron el desplome de los techos, por lo que los materiales caídos, al no ser apartados, protegieron los diseños. Otro afortunado elemento fue que al paso del tiempo, se formó encima de las pinturas una gruesa capa blanca de sales, lo cual evitó el desprendimiento de la pintura. Gracias a todo esto, y al trabajo de un equipo de restauradores, ahora es posible observar las pinturas en todo su esplendor.

Las hermosas pinturas de Bonampak son eminentemente narrativas, nos cuentan una historia del poder en Mesoamérica. Mediante varias escenas, en las que participan grupos heterogéneos de personajes, se ofrece un invaluable testimonio sobre las diversas actividades llevadas a cabo por la élite de Bonampak, que van desde enfrentamientos militares hasta rituales religiosos y ceremonias políticas, todo esto como instrumentos de legitimación del poder. De este modo, los murales, distribuidos en tres habitaciones o cuartos, forman una unidad.

En el Cuarto 1 —que presenta la fecha de la probable elaboración de las pinturas, año 790— llaman la atención las figuras de músicos y personajes disfrazados de monstruosos y fantásticos seres. En otra interesante escena aparece un niño, quizá el heredero al poder en Bonampak, quien es presentado ante un grupo de nobles que portan lujosos atavíos (véase figuras 19 y 20).

Del Cuarto 2 sobresalen dos escenas; en una se representa una batalla en la que fuertes y vigorosos guerreros capturan enemigos para después sacrificarlos, en ofrenda ritual, a los dioses. En la segunda aparece el poderoso señor de Bonampak, Chaan-Muan II, portando un espectacular tocado de jaguar; él y otros triunfantes combatientes presentan a los prisioneros entre los que sobresale por su dramatismo uno que pareciera agonizar, recostado en una gran escalera (véase figuras 21 y 22).

En la última habitación, Cuarto 3, destaca una escena protagonizada por mujeres que debieron pertenecer a la nobleza, dados sus atavíos. Ellas fueron retratadas en el acto ritual del autosacrificio, que en este caso consiste en traspasar sus lenguas con una cuerda sostenida entre todas. Por último, cerrando la narración, aparece otra vez el niño, que tal vez era hijo del gobernante (véase figura 23).

Cacaxtla

Como es sabido, el periodo Epiclásico en Mesoamérica se origina a partir de dos hechos fundamentales: el repentino derrumbe de Teotihuacan y la caída paulatina de las diversas ciudades de la Zona Maya. En el Altiplano Central esto propició que varias comunidades —entre ellas Cacaxtla, al sureste de lo que hoy es Tlaxcala, y Xochicalco, en el Valle de Morelos— se beneficiaran con la reorganización del comercio interregional para sustituir a Teotihuacan, quien dejó de fungir como destino o punto de partida de las rutas comerciales de toda el área.

Por supuesto, las relaciones que se establecieron entre los diferentes pueblos trascendieron el ámbito económico y abarcaron prácticamente todos los aspectos de la vida de las diferentes sociedades involucradas, incluidas las manifestaciones estéticas, lo cual propició la creación de un arte ecléctico, mezcla de diversos estilos que no lograron instituir un estilo propio, a pesar de contener elementos aportados por cada localidad.

De esta forma, en las distintas manifestaciones artísticas (escultura, arquitectura, pintura mural, cerámica, etcétera) cada comunidad utilizó todo aquello que conocía y que le agradaba, sin buscar la originalidad *per se*; al mismo tiempo, el retomar y adecuar el prestigiado arte de pueblos antiguos así como el de ciudades poderosas contemporáneas, les brindaba la oportunidad perfecta para mostrar su relación con ellos. Específicamente, en los murales de Cacaxtla se encuentran plasmados motivos, formas, técnicas y sistemas iconográficos de evidente origen teotihuacano y maya; incluso se pueden reconocer algunos elementos provenientes de otras regiones de Mesoamérica, aunque en menor proporción.

Cacaxtla, estratégicamente edificada entre el Altiplano Central y la costa del Golfo, se distingue por la elevada calidad artística y la fuerza expresiva de sus murales, mismos que habían permanecido enterrados y no fue sino hasta 1970 cuando los trabajos de un grupo de saqueadores alertaron a las autoridades. Las pinturas, generalmente fechadas entre 700 y 900 d.C., son realistas y figurativas. Para su estudio, los especialistas las han dividido en dos grupos: uno es narrativo, histórico y naturalista (hombres en acción, flora y fauna, etcétera); el otro pertenece al rubro de lo mítico y lo simbólico (dioses con los emblemas que los identifican y glifos que representan un concepto).

Estas pinturas fueron realizadas en distintas edificaciones y en tiempos diferentes. Así, en el denominado Edificio A, que consta de una fachada con dos pilares al frente y una habitación interior con una puerta central, se diseñaron dos figuras, una a cada lado de la puerta, casi del tamaño de un ser humano, sobre un fondo color rojo quemado.

La primera imagen muestra a un hombre-pájaro que sostiene con las manos una gran barra ceremonial parecida a las que se han encontrado, dibujadas o esculpidas, en la Zona Maya; las patas de ave de la figura se posan en una serpiente emplumada (véase figura 24). En la segunda aparece un hombre-jaguar parado sobre lo que parece ser una serpiente con piel de jaguar. Ambos personajes están enmarcados por una cenefa o banda (elemento que aparece con frecuencia en los murales teotihuacanos), con dibujos de una gran variedad de plantas y animales, tanto acuáticos como terrestres, ya que estos dos murales, que forman una unidad, se han identificado como alegorías dedicadas a las deidades de la tierra y del agua (véase figura 25).

En otra construcción, una subestructura del Edificio B, se encuentra el impresionante mural de *La Batalla*. Las pinturas, con una base azul clara y una franja inferior roja, fueron realizadas en dos taludes separados en el centro por una escalera; el talud del oeste tiene 20 guerreros y el del lado este 27, aproximadamente.

Este bellísimo mural destaca por su realismo, y por alcanzar un nivel de dramatismo y crudeza pocas veces visto en Mesoamérica. En él se reproducen los episodios que se viven al concluir la batalla: los rostros de los vencidos denotan su dolor, acentuado por la fiel y vívida representación de sus heridas; las posturas de los orgullosos vencedores demuestran la agresividad y violencia con que atacaron a sus enemigos, y en la escena principal el guerrero más importante, identificado como Tres Asta de Venado, se prepara para sacrificar a uno de los derrotados (véase figuras 26, 27 y 28).

Aquí, como en las pinturas murales de la Zona Maya (especialmente las de Bonampak y Mulchic, en Campeche), es en la figura humana donde reside el dinamismo de la composición, pues aparecen seres dibujados en casi todas las posturas posibles: de pie, sentados, acostados, flexionados, etcétera. A su vez, de los murales teotihuacanos se tomaron las representaciones del glifo que simboliza el sacrificio.

Tizatlán y Ocotelulco

Ya en el periodo Posclásico (1000-1550 d.C.), caracterizado por inestables ciudades que se mantenían efímeramente en el poder, a pesar de recurrir al sojuzgamiento militar con mucho mayor frecuencia que en el pasado, se propaga por el territorio mesoamericano un grupo de estilos fuertemente ligados entre sí, a los que se les ha denominado Mixteca-Puebla. Éstos se originaron en la región que hoy comprende los estados de Veracruz, Puebla y Oaxaca y su amplia difusión se debe a que en ellos se privilegiaban las obras pequeñas, fácilmente transportables por los incansables mercaderes que recorrían grandes distancias para intercambiarlas, ya que eran objetos muy demandados por los sectores poderosos de cada ciudad, incluidas, por supuesto, las familias gobernantes. Su amplia circulación originó que, a diferencia del Clásico, el arte fuese mucho más afín entre los diversos pueblos mesoamericanos.

Estos elegantes estilos se aplicaron sobre todo a piezas, primorosamente elaboradas, de papel o amate, orfebrería, cerámica, madera, piedra, etcétera. No obstante, sus diseños también fueron adaptados a formatos grandes, por ejemplo, a muros polícromos, razón por la que algunos especialistas han llamado a estos murales "tipo códice".[7] Esto explica por qué las pinturas murales de ciudades distantes entre sí reproducen el estilo de al-

[7] Dentro de este tipo se inscriben las tumbas de Huitzo y Zaachila, y algunas pinturas de Mitla, en Oaxaca.

gunos códices que, se sabe, fueron realizados en el área de la mixteca-zapoteca y del valle poblano-tlaxcalteca.

En el Altiplano Central corrieron con poca fortuna murales como los de Malinalco y Tenayuca; de hecho, entre los escasos murales del Posclásico que aún se pueden visitar están los de Tizatlán y Ocotelulco, dos de las cuatro parcialidades que constituían Tlaxcala, así como los de las ciudades gemelas de Mexico-Tlatelolco y Mexico-Tenochtitlan, ambos en la actual ciudad de México.

En las primeras décadas de este siglo se localizaron en Tizatlán los restos de un templo que consta de un piso estucado y, en la parte baja, de seis columnas semi-circulares, de entre las cuales se levantan dos altares decorados con pintura mural. En la parte alta de ambos altares, de planta rectangular, se encuentra una especie de receptáculo, del cual sale un canal destinado quizás a contener y encauzar líquidos sagrados, como es el caso del agua o la sangre. También coinciden ambos altares en que al frente exhiben la escena principal —que en el caso del Altar A consiste en las figuras de dos deidades, una identificada como Mictlantecuhtli, dios de la muerte, y la otra como Tezcatlipoca, señor de la noche y la guerra— y en que en las paredes laterales aparecen franjas con diversas figuras, entre las que destacan cráneos, manos y corazones humanos (véase figura 29).

A su vez, en Ocotelulco se descubrió recientemente una banqueta polícroma y un altar que formaban parte de un recinto ceremonial. La escena más importante del altar muestra un cuchillo-rostro encima de un objeto en apariencia hecho de barro; la navaja recibe ese nombre porque en ella aparece el perfil de un rostro humano, el cual ha sido pintado con los colores del dios Tezcatlipoca, negro y amarillo. Dichas imágenes están encuadradas por cuchillos, y en los costados encontramos las mismas figuras repetitivas pintadas en los muros laterales de los altares de Tizatlán (véase figura 30).

Mexico-Tlatelolco y Mexico-Tenochtitlan

El único mural localizado hasta ahora en lo que fue la ciudad de Mexico-Tlatelolco fue rescatado en 1989 y representa a los dioses Cipactonal y Oxomoco, pareja creadora del tiempo y el calendario, razón por la cual sus imágenes se plasmaron al frente del llamado Templo Calendárico, dentro de la actual zona arqueológica de Tlatelolco. En cuanto a Mexico-Tenochtitlan, desde finales de la década de los setenta y hasta la fecha se realizan excavaciones para rescatar las diferentes construcciones que constituían el recinto sagrado de la ciudad. En ese contexto, se descubrieron pinturas en la parte superior del templo dedicado a Tláloc, que corresponde a la etapa II de construcción, fechada en 1327. En el adoratorio se observa una pintura en la que predominan las formas geométricas: en la parte superior, sobre una base blanca, aparecen círculos negros; abajo hay una franja horizontal azul turquesa, también con círculos negros, y más abajo aparece otra banda, esta vez de color rojo. En la parte inferior sobresale una serie de franjas verticales, alternadas en blanco y negro (véase frontispicio).

También se localizó un mural en los Templos Rojos, aledaños al Templo Mayor, los cuales presentan una decoración que semeja fibras entretejidas y lazos rojos, de evidente origen teotihuacano.

Así, los murales de ambas ciudades del Posclásico, escasos y deteriorados, constituyen algunos de los elocuentes vestigios de dos ciudades que fueron habitadas por el mismo grupo étnico, el mexica. No obstante este origen común, a lo largo de su historia tlatelolcas y tenochcas protagonizaron una serie interminable de conflictos, hasta que la amenazadora llegada de los españoles los obligó a deponer su rivalidad para presentar un compacto frente defensivo. Con la caída de ambas ciudades, en el año de 1521, se inició la conquista española del universo mesoamericano.

LECTURAS RECOMENDADAS

Arqueología Mexicana, núms. 1-24, CNCA/INAH/Raíces, junio-julio de 1993/marzo-abril de 1997.

López Austin, Alfredo, "La religión, la magia y la cosmovisión", en *Historia antigua de México*, México, INAH/UNAM/Miguel Ángel Porrúa, 1995, vol. 3, pp. 419-458.

——— y L. López Luján, *El pasado indígena*, México, El Colegio de México/Fideicomiso Historia de las Américas/FCE, 1996.

Pasztory, Esther, "El arte", en *Historia antigua de México*, México, INAH/UNAM/Miguel Ángel Porrúa, 1995, vol. 3, pp. 459-513.

V.V.A.A., "Arte prehispánico", en *Historia del arte mexicano*, México, Salvat, 2a. ed., 1986, vols. I-IV, 1995.

V.V.A.A., *Historia antigua de México*, 3 vols., México, INAH/UNAM/Miguel Ángel Porrúa, 1995.

OBRA

Diego Rivera, *El mercado de Tlaltelolco* (detalle),
1945, 2º piso del Palacio Nacional, México, D.F.

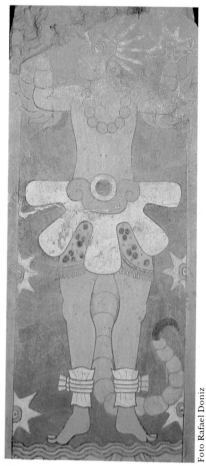

Foto Rafael Doniz

Figura fantástica: *Hombre-alacrán*,
Zona arqueológica de Cacaxtla,
Tlaxcala.

Detalle de *guerrero con el glifo del sacrificio*,
mural de *La Batalla*, Subestructura del Edificio B,
Zona arqueológica de Cacaxtla, Tlaxcala.

Intento de perspectiva del mural de *La Batalla*,
Cuarto 2, Bonampak, Chiapas.
Reproducción en el Museo Nacional de Antropología.

Jaguar con caracol, Pórtico 1 del Patio de los Jaguares,
Zona arqueológica de Teotihuacan, Estado de México.

Diosa teotihuacana, en Tetitla,
Zona arqueológica de Teotihuacan, Estado de México.

El Tlalocan (centro del mural), Teotihuacan.
Reproducción en el Museo Nacional de Antropología.

El Tlalocan (lado derecho del mural), Tepantitla,
Zona arqueológica de Teotihuacan, Estado de México.

Mural de *Los bebedores* (detalle), Cholula, Puebla.

Mural de *Los bebedores* (perspectiva), Cholula, Puebla.

Señores zapotecos, Nicho oeste, Tumba 5,
Zona arqueológica de Suchilquitongo, Oaxaca.

Tumba 104 (detalle),
Zona arqueológica de Monte Albán, Oaxaca.

Foto Rafael Doniz

Tumba 105 (detalle),
Zona arqueológica de Monte Albán, Oaxaca.

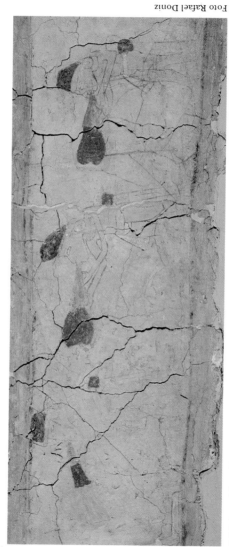

Músicos (detalle),
Zona arqueológica de las Higueras, Veracruz.

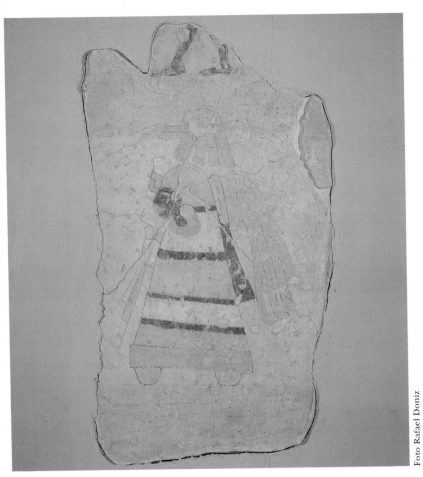

Personaje con tocado azul,
Zona arqueológica de las Higueras, Veracruz.

Estructura 44 (detalle),
Zona arqueológica de Tancah, Quintana Roo.

Foto Jesús Galindo

Foto Jesús Galindo

Templo 5 (detalle),
Zona arqueológica de Tulum, Quintana Roo.

Personajes en procesión,
Reproducción en el Museo Arqueológico de Guatemala.

Músicos y personajes disfrazados, Cuarto 1,
Zona arqueológica de Bonampak, Chiapas.

Niño presentado ante los nobles, Cuarto 1,
Zona arqueológica de Bonampak, Chiapas.

La Batalla (detalle), Cuarto 2,
Zona arqueológica de Bonampak, Chiapas.

Foto Jesús Galindo

Chaan-Muan II y otros guerreros presentan a los prisioneros,
Cuarto 2, Zona arqueológica de Bonampak, Chiapas.

Mujeres de la nobleza, Cuarto 3,
Zona arqueológica de Bonampak, Chiapas.

Hombre-pájaro, Edificio A,
Zona arqueológica de Cacaxtla, Tlaxcala.

Hombre-jaguar, Edificio A,
Zona arqueológica de Cacaxtla, Tlaxcala.

La Batalla, Subestructura del Edificio B,
Zona arqueológica de Cacaxtla, Tlaxcala.

La Batalla, Subestructura del Edificio B,
Zona arqueológica de Cacaxtla, Tlaxcala.

Mural de la Zona arqueológica de *Tizatlán*, Tlaxcala.

Mural de la Zona arqueológica de *Ocotelulco*, Tlaxcala.

Esta obra se terminó de imprimir
en el mes de diciembre de 1997
en los talleres de Ediciones Corunda,
S.A. de C.V., Oaxaca núm. 1,
CP 10700, México, D.F.,
con un tiraje de 5 000 ejemplares

Cuidado de edición:
Dirección General de Publicaciones del
Consejo Nacional para la Cultura y las Artes

Portada: Músicos (detalle),
Zona arqueológica de las Higueras, Veracruz

Diseño: Cecilia Atenea Cota Trujillo, Felipe Guevara
y Rafael José de la Trinidad